PAUL BAUDRY

LA FAMILLE BRONNE

A ROUEN

SECOND VOYAGE

CROQUIS PAR M. E. NICOLLE

ROUEN

IMPRIMERIE DE ESPÉRANCE CAGNIARD

1887

LA FAMILLE BRONNE

M. BRONNE

PAUL BAUDRY

LA FAMILLE BRONNE

A ROUEN

SECOND VOYAGE

CROQUIS PAR M. E. NICOLLE

ROUEN

IMPRIMERIE DE ESPÉRANCE CAGNIARD

—

1887

LA FAMILLE BRONNE A ROUEN

SECOND VOYAGE

I

LE MARIAGE DE MADEMOISELLE ALBERTINE

LE retour de la famille Bronne, dans ses foyers, n'avait été rien moins que réjouissant. Au lieu du bonheur qu'ils éprouvaient d'ordinaire en rentrant chez eux, au lieu de l'espoir dont ils s'étaient flattés d'éblouir leurs voisins par le récit d'aventures merveilleuses, les cultivateurs ne rapportaient que le souvenir poignant des déceptions de tout genre qui avaient marqué chacune de leurs étapes dans la capitale de la Normandie.

— Quel voyage ! mon Dieu, quel voyage ! répétaient-ils les uns après les autres, d'un ton lamentable et désolé, quel voyage !

— Que le monde est canaille aujourd'hui ! grommelait sans cesse maître Bronne, qu'est devenue l'ancienne bonne foi ? A qui se fier ?

— Que d'argent perdu ! continuait Madame Bronne, en se frottant énergiquement l'estomac qu'elle assurait être resté douloureux depuis les trop expressives étreintes du beau M. Arthur. Dire qu'un peu plus ce scélérat de M. Arthur devenait mon gendre ! Et l'on parle des belles-mères !

— Sale ville, bien digne de sa réputation ! soupirait le savant Charles. Les électrophores, à supposer qu'il y en ait à Rouen, n'y donneraient pas la moindre étincelle électrique.

— On n'y fabrique pas un bon fouet, reprenait Louis, le charretier modèle. Aussi, comme les chevaux et le bétail y manœuvrent désagréablement ! Ils vont à *hue* quand on les pousse à *dia*. Ils encombrent les rues. Il faut bien que le bétail marche au milieu des rues. Encore devrait-il marcher droit.

— On n'y prend pas soin du troupier, et on le fait coucher dehors, ajoutait Eugène, qui, sans un excellent numéro, et surtout sans une insignifiante infirmité dont il avait très habilement tiré parti, aurait dû, comme son frère aîné, revêtir l'uniforme militaire quatre ans auparavant.

Après les plaintes des parents et des garçons ,venait le tour des *Demoiselles*.

Pauline : — à Rouen, tout le monde est infirme, nain, sourd ou estropié. Tout le monde porte des bésicles ; tout le monde marche comme sur des noisettes, tellement les chaussures des habitants sont gênantes, étroites et démesurément pointues.

Louise : — à Rouen, toutes les maisons se ressemblent, et sont alignées. Rien d'amusant à voir. Il faut monter sur tous les monuments, ce qui fatigue, et visiter tous les musées, ce qui endort.

Victorine : — à Rouen, on mange avec une cuillère et une fourchette, au lieu de se servir tout simplement de ses doigts ; en outre, il y fait si froid, il y a tant de boue, que l'on ne suffit pas à se moucher et à retrousser ses jupes. A la bonne heure chez nous, la pluie ne mouille pas, la crotte ne tache pas, et nos maîtresses d'école, que nous avons habituées à compter avec nous, nous permettent d'être morveuses et de manger malproprement, si cela nous plaît.

Mlle Albertine ne mêlait pas sa note plaintive à ce lugubre concert ; mais les roses avaient pâli sur ses joues depuis l'affront humiliant dont elle avait été l'objet, et ses lèvres, décolorées et muettes, semblaient dire qu'il n'y avait pas un aspirant sérieux dans une grande ville comme Rouen, et que, à moins d'une chance excessivement rare, toutes les demoiselles de la localité devaient mourir vieilles filles.

Désolation générale sur toute la ligne !

Cependant, comme il n'est si pénible ennui auquel on ne s'habitue à la longue, et dont tôt ou tard le temps n'allège le fardeau, au bout de quelques mois les points noirs, accumulés à l'horizon de nos amis, parurent s'éclaircir. Le printemps ranima des rayons presque éteints sur les traits de Mlle Albertine, et ces rayons se reflétèrent directement dans le cœur d'un jeune voisin de campagne qui rachetait, par des avantages physiques et une conduite exemplaire, ce qui lui manquait absolument du côté de la fortune.

Circonstance non moins heureuse :

Maître Bronne, qui, à certains égards, n'était pas de son siècle, et qui avait pour principe que le meilleur, que le seul moyen pratique de bien diriger sa barque, et de traverser victorieusement les crises financières, est non pas d'allonger indéfiniment, mais de diminuer le chapitre des dépenses, en augmentant, autant que possible, le chapitre des recettes, s'était imposé et avait imposé à sa famille des sacrifices d'argent si répétés et si efficaces, et avait si bien reculé, quand il n'avait pas pu les supprimer entièrement, les échéances de ses paiements, que, malgré les brèches énormes éprouvées par sa caisse à l'occasion du voyage de Rouen, il se tirerait encore avec avantage de sa balance annuelle, et que, sans emprunt, sans faillite, son budget, pour 1886, non seulement serait équilibré, mais se résumerait, comme celui des années de prospérité, par un respectable boni.

Bien compris par le gouvernement, maître Bronne eût été un excellent ministre des finances.

Le vendredi 30 avril, dès le matin, il se présenta radieux devant la fermière, qui, avant d'envoyer ses plus jeunes enfants à l'école, leur faisait, pour la forme, subir un dernier examen de propreté et adressait une recommandation habituelle, mais probablement infructueuse, à Victorine, sur les moments décisifs de l'existence où la civilité oblige de prendre soit un mouchoir, soit une fourchette.

— Bonne et heureuse nouvelle, Bobonne ! s'écria-t-il, en donnant en signe de contentement un vigoureux coup de poing sur l'épaule de sa femme, et en l'embrassant sur les deux joues, comme il en avait l'habitude aux principales fêtes de l'année, bonne et heureuse nouvelle ! qui coïncide d'une façon aussi inespérée que remarquable avec la sainte Catherine, inscrite au calendrier à la date de ce jour, et qui vaudra bien à celle-ci la réputation de sa célèbre et glorieuse homonyme du 25 novembre. Qu'on ne dise plus que le vendredi porte malheur ! Un parti magnifique se présente pour Albertine. J'ai donné mon consentement, on n'attend plus que le tien et celui de notre Demoiselle pour aller chez le notaire.

— Et de qui s'agit-il ? demanda avec calme Madame Bronne, moins disposée que son mari, depuis ses dernières aventures, à éprouver de subites inflammations. Avant de nous *emballer* de nouveau, il faut voir, il faut étudier l'affaire. D'abord, le sac y est-il ? Nous avons des vides à combler.

— Le sac y est, sac dans le présent, sac dans l'avenir. Le futur — je l'appelle déjà ainsi — est le fils unique du richissime fermier de M. Beaupétard. Tu peux donc te rassurer immédiatement et sous tous les rapports. Le père, veuf depuis longtemps, a de quoi mettre du beurre dans ses haricots. C'est un malin qui ne donne pas ses coquilles, qui est économe, j'allais dire intéressé, comme nous et plus que nous. Sans avoir jamais compté avec lui, je changerais bien vite ma position pour la sienne. Ne laissons pas échapper l'occasion. Un fils unique, un héritier de première classe, c'est la pie au nid! M. Christophe Decan — j'oubliais de te dire son nom — est sage, rangé, sans défaut aucun. Que voudrions-nous de mieux? Employé à la gare la plus rapprochée de chez nous, il est très considéré de ses chefs; c'est un excellent travailleur. Il gagne peu encore, mais il n'a pas tout à fait cinquante ans. Il fera bientôt valoir ses droits à la retraite. Oh! c'est un garçon qui ira loin. On va loin et rapidement dans les chemins de fer.

En terminant cette tirade, maître Bronne appuya avec finesse sur la phrase, à double entente, qui la terminait et dont il s'attribuait sincèrement l'invention, puis il s'arrêta pour respirer, et, très content de l'effet qu'il avait dû produire, exprima sa satisfaction par un rire éclatant, qui ne trouva pas d'écho chez madame son épouse.

Lorsque le calme se fut rétabli :

— M. Christophe Decan, dont je n'avias guère, jusqu'à

présent, entendu parler, connaît donc Albertine ? demanda la fermière.

— Oh ! il la connaît vaguement, approximativement, mais cela lui suffit. Il l'a vue monter en wagon et en descendre à l'époque de notre voyage à Rouen. Il a su, en prenant ses informations, tout le bien que, sans nous vanter, on peut dire d'Albertine, comme d'ailleurs de toutes nos Demoiselles en général. Le feu a couvé sous la cendre. Il éclate aujourd'hui. Encore une fois, tout est d'accord. Le régime dotal est accepté : c'était là le point délicat, car, en fait de mariage, les questions d'intérêt d'abord, comme tu le pressentais toi-même il n'y a qu'un instant. Immédiatement après la bénédiction nuptiale, les jeunes gens prendront le train pour aller passer quelques heures au bord de la mer. Cela économisera la noce et les violons.

— Permets, mon ami, les questions d'intérêt ont leur importance, et, depuis nos tristes déboires de Rouen, je ne suis pas plus disposée qu'un autre à en faire bon marché. Les conditions financières sont réglées à ce qu'il paraît. Tu as imposé, pour le contrat, un régime normand que je trouve passablement égoïste, et qui consiste à livrer sa fille à un inconnu auquel, très souvent, on ne confierait pas sa bourse. Passons là dessus, et ne disons pas trop de mal d'une coutume enracinée chez nous ; d'ailleurs, je n'entends rien aux affaires. Mais, enfin, si utile qu'il soit — je ne le conteste pas — l'argent n'est pas tout en ménage. Le libre attrait des futurs l'un pour l'autre doit aussi être pris en considération. Albertine aime-t-elle, aimera-t-elle M. Chrystophe ? L'empressement d'un autre aspirant, que tu connais, n'est un secret pour personne, et ne paraît pas la trouver insensible.

— Aspirant, tant que tu le voudras ; celui, auquel tu fais allusion, ne saurait être pris au sérieux par nous, ni, par conséquent, par Albertine, qui, bien élevée comme elle l'est, ne doit voir que par nos yeux, ne doit juger que d'après nos goûts. Il y a là, je le sais, de belles manières, un beau garçon, une réputation intacte, mais c'est tout. Rien de positif comme revenu, situation présente douteuse, espérances à peu près nulles. Or, le mariage est une association, un contrat dans lequel les parties contractantes doivent apporter des avantages à peu près égaux. Ce n'est pas, de notre part, être trop exigeant.

— Mais s'il n'y a pas de sympathie entre les parties contractantes ?

— Cela ne fait rien, ou presque rien. La sympathie est un mot dont on abuse. Si elle n'existe pas avant le mariage, elle vient nécessairement après. On s'exerce et on arrive à la pratique d'un amour légitime, comme on s'exerce, comme on arrive à la pratique de toutes les autres vertus. Affaire de temps et voilà tout, car c'est le devoir et non un instinct naturel qui doit régler nos affections. A force de persévérance, on peut même graduer ses sentiments en raison du degré de parenté de ceux auxquels les sentiments s'adressent. Ne nous montons donc pas inutilement la tête à propos de mariage, et appliquons simplement à cet acte la définition que les enfants lisent, dans leurs traités d'arithmétique, à propos de l'addition : opération par laquelle on joint ensemble des unités de même espèce pour former un total.

— Tiens, Bobonne ! reprit le cultivateur, après une pause agrémentée par un nouvel accès de joie, tiens ! sans me poser pour modèle, je peux bien avouer aujourd'hui, que, lorsqu'il y a une trentaine d'années j'eus le plaisir de te passer au doigt l'anneau nuptial, mes inclinations avaient penché ailleurs. Une brune piquante m'avait donné dans l'œil. Je l'aimais, j'allais l'épouser, mais elle ne possédait pas un sou vaillant ; c'était, suivant le dicton de Sotteville :

> Belle maison, rien dedans,
> Belle fille à marier,
> Rien à lui donner ; .
> Belle croix au col,
> Pas de chemise au dos.

Mon parrain, dont nous avons depuis recueilli l'héritage, et dont je devais alors écouter les conseils, m'empêcha à temps de faire une sottise. Il me parla de toi ; tu étais riche et d'un blond ardent, tu t'appelais Véronique, je fis ta connaissance, et, ma foi ! comme dit la chanson, je *m'envéroniquai*. En avons-nous été plus malheureux pour cela ? Non. Il m'est bien revenu, de loin en loin, quelques fugitifs ressouvenirs à propos de ma première adorée ; mais, en définitive, j'ai reconnu que peu importe que l'on soit blond ou brun, que l'on s'appelle Eustache et Cunégonde, plutôt que Polycarpe et Gertrude. Sympathiques ou non, nos écus ont eu des enfants nombreux, nous aussi :

> Si l'on n'a pas ce que l'on aime,
> On doit aimer ce que l'on a.

— Taisez-vous, Monsieur ! Dans tous les cas, il n'y a pas à revenir sur le passé, ce n'est pas nous, c'est Albertine qu'il s'agit d'établir. Eh bien ! si je ne me trompe fort, Albertine renoncera difficilement à l'aimable voisin qui lui fait la cour, pour accepter la main d'un homme qu'elle connaît peu ou point :

> Il faut des époux assortis
> Dans les liens du mariage.

A quelques jours de là, le fils du richissime fermier de M. Beaupétard, Christophe Decan, conduisait à l'autel Mademoiselle Albertine, et, par l'alliance fortuite de son nom avec celui des Bronne, prenait un air de ressemblance, très indirect, avec l'héroïque général de Waterloo.

II

NOUVEAU DÉPART

LES lecteurs complaisants, qui ont bien voulu s'intéresser au premier voyage de la famille Bronne à Rouen, n'ont peut-être pas oublié que le commissaire de police, chargé de constater le vol commis au préjudice des cultivateurs, avait congédié ceux-ci en leur disant qu'ils seraient prévenus à domicile dans le cas, peu probable, où l'auteur du vol serait découvert, et où eux-mêmes seraient appelés en témoignage devant le tribunal.

Le coupable incontestable, l'élégant M. Arthur, avait été arrêté à la gare du Havre ; mais M. Arthur n'en était pas à son coup d'essai. Il avait eu depuis longtemps maille à partir avec la justice, et, quoique son casier judiciaire fût déjà, d'ancienne date, remarquablement garni, il lui restait encore un certain nombre de dettes à acquitter. Maintenant qu’on le tenait de nouveau, son compte serait minutieusement réglé. Or, l’instruction de son affaire, sans révéler des crimes véritables, entraîna des longueurs imprévues, d’autant que l’on avait sous la main un homme d’une adresse exceptionnelle, et qui savait varier, à l’infini, la forme et le théâtre de ses coupables opérations.

Ce ne fut donc que dans le courant de juillet 1886, deux mois environ après le mariage de Mlle Albertine, que M. et Mme Bronne et les aînés de leurs enfants furent cités à comparaître comme témoins devant le tribunal de Rouen. Albert, qui, au moment du vol, faisait ses vingt-huit jours, et M. Christophe Decan, qui, à la même époque, ne formait pas encore partie intégrante de la famille, ne reçurent pas de citations personnelles.

— J’ai lu tous les papiers qu’on vient de nous remettre, dit maître Bronne, c’est effrayant, et nous aurons à encourir les peines les plus sévères, si nous ne répondons pas exactement à l’invitation qui nous est adressée. J’ai d’abord été tout bouleversé en songeant à faire un nouveau voyage à Rouen, mais il n’y a pas à dire : mon bel ami ! il faut accepter ce qu’on ne peut empêcher. D’ailleurs, le travail de la ferme, confié à Albert, ne souffrira pas de notre absence, qui, en aucun cas, ne saurait être de longue durée ; et, considération tout à fait majeure, les frais de ce voyage seront payés par l’État. Nous nous promènerons au compte du gouvernement. Hein ! Bobonne, ce sera gentil, n’est-ce pas ? Et puis nous retrouverons l’argent que tu t'es si maladroitement laissé soustraire, et que j'avais dû, bien à regret, passer en profits et pertes.

— Eh bien ! entendu, fit madame Bronne, partons ! puisqu'il le faut, et espérons que cette fois nous ne serons pas aussi malheureux que nous l'avons été.

— Partons ! s'écria le savant Charles, le baromètre monte, les jours sont longs maintenant, il y a du clair de lune le soir, il doit faire plus beau à Rouen en juillet qu'en octobre, et, enfin, j'achèterai un électrophore.

— Partons ! dit, en réarborant la nuance d'un homard cuit, Mme Albertine Decan, dont la lune de miel, alors dans sa plus complète irradiation, ne brillait cependant pas d'un aussi vif éclat que sa collègue du firmament. Mon mari doit précisément s'absenter pour des affaires de famille ; il prendra un congé de quelques jours et je serais de toute façon momentanément séparée de lui. Une petite séparation à l'amiable, et l'on se retrouve ensuite avec un nouveau plaisir, ajouta-t-elle d'un ton cavalier, qui ne signifiait cependant pas — nous aimons à le croire — que les écus du riche conjoint n'eussent pas entièrement pris possession de son cœur.

— Bravo ! répétèrent à l'unisson les aînés de la famille. Les plus jeunes enfants, les écoliers et les écolières, baissaient tristement la tête, affligés d'une combinaison dont ils étaient exclus ; mais, bientôt ils se consolèrent en entendant maître Bronne, absolument transformé par l'espoir de retrouver son trésor, déclarer que le temps des économies était passé, qu'il fallait que la joie régnât dans toute la maison, et que tous, petits et grands, fussent de la partie. On touchait à la fin de l'année scolaire, et, par un départ qui pouvait s'expliquer honorablement, les enfants éviteraient l'humiliation d'assister à des distributions de prix auxquelles ils n'avaient à peu près rien à prétendre, leur précédente absence les ayant fait mal noter.

L'allégresse était donc générale; et, un bonheur arrivant rarement seul, c'en fut un second, non moins vif que le premier, lorsqu'on apprit, par M. Christophe, que grâce à une formalité facile à remplir, les parents et alliés d'un employé quelconque des compagnies de chemins de fer pouvaient obtenir leur transport gratuit ou presque gratuit.

Dans toute autre circonstance, et si ses intérêts et ceux de sa famille n'avaient pas été en jeu, maître Bronne eût déclaré semblable faveur peu conforme à la bonne administration des compagnies, et n'eût pas manqué de crier qu'il ne comprenait rien aux abus et aux injustices de son temps. Mais baste! à quoi bon crier et essayer de comprendre? Il n'était actionnaire d'aucune compagnie; il n'aimait que la terre, quoiqu'il répétât souvent que la terre ne rapportait rien. S'il y avait préjudice, ce ne serait pas pour lui, au contraire, puisqu'il voyagerait gratis et empocherait une indemnité de route. Alors tant pis pour les autres! Après tout, conclut-il gaillardement, en enfonçant son chapeau sur son inséparable bonnet de coton, quel mal y a-t-il à cela? Les députés vont partout où il leur plaît, sans qu'il leur en coûte un sou ; nous pouvons bien les imiter au moins sous ce rapport. Les députés ! les députés ! nous les valons bien les députés, nous valons même mieux et plus qu'eux, puisque nous les engraissons de nos sueurs pour faire de sale besogne, tandis que nous, qui les payons, nous n'en recevons pas une obole. Les députés ! les députés ! Eh bien ! Qui sait ? Je le serai peut-être aussi un jour député. Et pourquoi pas, si cela me plaît ? Député ! ministre ! ministre de l'agriculture ! Et pourquoi pas ? Pourquoi ne me dévouerais-je pas pour les intérêts de mon pays ? Le cultivateur trouverait en moi un défenseur courageux et convaincu.

— Sont-ils veinards tous ces Bronne ! disaient leurs voisins en assistant à leur départ. Il n'y en a que pour eux. Allons ! bon voyage cette fois ! leur répétait-on avec plus de jalousie que de véritable affection. Remarquez bien toutes les curiosités pour nous les raconter ; et, puisque vous irez forcément au Palais-de-Justice, n'oubliez pas d'en examiner le plafond, qui est, à ce qu'il paraît, un morceau de sculpture achevé et un superbe travail.

— Je me bats l'œil de leur plafond, pensait le futur ministre de l'agriculture. Commençons par retrouver le magot.

III

LE TRIBUNAL

Une foule considérable de témoins, et surtout de curieux, assiégeait les abords du prétoire. Nos amis s'incrustèrent, tant bien que mal, au milieu d'eux, et, après avoir été avertis vingt fois de se tenir tranquilles et d'écouter pacifiquement l'appel de leurs noms, attendirent pendant deux mortelles heures, qui leur parurent autant de siècles, le moment solennel de leur comparution. Par intervalles, ils étaient obligés de se lever sur la pointe des pieds pour ne pas être étouffés, et pour aspirer un peu d'air. Puis, ils s'encourageaient mutuellement à ne pas avoir peur des beaux messieurs qui les interrogeraient, à prouver leur innocence personnelle, et à charger sans pitié M. Arthur.

Les dépositions utiles ne pouvaient émaner que de M. et Mme Bronne, et de la ci-devant Mlle Albertine. Les plus jeunes enfants surtout n'avaient aucun rôle à remplir ici, et leur présence était même entièrement superflue. Aussi, lorsqu'ils furent séparés des auteurs de leurs jours, et de leur sœur aînée, et confiés à la garde provisoire des autres membres de la famille, commencèrent-ils à pousser des hurlements désespérés, et à déclarer, tout en hurlant, qu'ils voulaient rester tous ensemble, qu'ils ignoraient ce qui allait avoir lieu, mais que, dût-on conduire leurs parents et leur sœur aînée en prison, ils ne les abandonneraient jamais.

On calma, comme on put, des émotions, qui, pour être déplacées, faisaient cependant honneur à ceux qui les éprouvaient ; on parvint à convaincre chacun des enfants et des témoins que leur liberté n'était pas en cause. M et Mme Bronne, et Mme Decan firent alors leur entrée, ce qu'ils exécutèrent avec force salutations et politesses, s'imaginant qu'ils arrivaient dans une église.

La future manquée de M. Arthur faillit éclater, tant le sang lui afflua à la tête, lorsqu'elle aperçut, sur le banc des prévenus, l'homme avec lequel elle avait été sur le point d'unir son existence, dont elle regrettait peut-être encore les aimables assiduités, et qu'un mot de sa part contribuerait à perdre. Il lui fut impossible d'ouvrir la bouche.

Il n'en fut pas de même de Mme Bronne. Beaucoup plus maîtresse d'elle qu'elle ne l'avait espéré, elle se lança, sans aucun exorde, dans un virulent réquisitoire préparé d'avance et appris textuellement.

— Retirez votre gant, lui dit, sans s'émouvoir, le président du tribunal, ferré sur la procédure.

Mme Bronne, qui n'avait pas compris, suspendit son discours, et tira la langue.

— Retirez donc votre gant ! répéta le représentant de la justice, qui, après une courte distraction, remarquait que ses ordres n'avaient pas été suivis.

Mme Bronne, toujours dans l'inintelligence de ce qui lui était demandé, tira la langue aussi démesurément que son organisation physique le lui permettait, et assura, presque en suffoquant, qu'elle ne pouvait pas la tirer davantage, et que le docteur du pays n'en exigeait jamais autant lorsqu'elle le consultait.

— Ce n'est pas de votre langue, mais de votre gant dont il est question, dit alors le président, qui riait sous cape et s'apercevait tardivement de la méprise. Votre langue, je n'ai pas besoin de la voir, pour être certain qu'elle est bien pendue.

— Mes gants ! mes gants ! mais j'aurais cru manquer au respect dû aux lois et à la magistrature françaises en me présentant devant elles les mains nues. Mes gants sont propres et presque neufs, un peu trop longs des doigts seulement. Je les ai achetés à la fin de l'année dernière au *Bon Marché*, rue Jeanne-d'Arc, lorsque nous venions pour Albert qui faisait ses vingt-huit jours, 1 fr. 50 la paire s'il vous plaît ! et je ne les ai pas mis depuis. Enfin, si vous y tenez, je suis prête à vous obéir, monsieur le Juge.

— Maintenant, levez la main droite, et jurez.

— Ah ! sapristi ! mon bon monsieur le Juge, pour ce

qui est de jurer, c’est contraire à mes habitudes et à mes
principes. Je ne jure jamais que quand je me brûle. Pourtant, si vous insistez, je ferai une exception pour vous, car
j’ai toute confiance que ce que vous me demandez est
pour mon bien. Quelle main faut-il lever ?

Ce disant, la fermière porta la main gauche sur son
cœur.

— Non, l’autre main ; celle qui tient un cabas.

— Mais excusez-moi ! mon bon monsieur le Juge, où
dois-je alors le mettre ce cabas ? C’est que je peux bien vous
le dire en confidence, à vous qui me paraissez être un
honnête homme, il contient des choses précieuses, notre
monnaie de voyage.

— Débarrassez-vous en.

Mme Bronne s’approcha du tribunal et voulut confier
le précieux cabas au président.

— Mettez-le à terre, fit ce dernier qui commençait à
s’impatienter. Bon ! Votre âge maintenant ? Quel âge
avez-vous ?

— Pour cela, Monsieur le Juge, je ne le sais pas exactement, je n’ai pas très bonne mémoire. Écrivez dans les
quarante ans environ.

— Vous n’auriez donc que douze ans de plus que votre
fille aînée, laquelle n’est pas l’aînée de vos enfants ? On
est précoce dans vos campagnes.

— Excusez-moi, Monsieur le Juge, et ne croyez pas
que je cherche à en imposer à la justice, et à me rajeunir.

Je prends mes années aux prunes. Comptez quarante-huit ans, si vous le voulez. Oh ! non, je ne suis pas femme à prétentions et à vouloir dissimuler mon âge. Pas de détours, pas de porte de derrière chez moi. Je vous parle, mon cher monsieur, comme je parlerais à défunt mon respectable père.

— Déposez maintenant.

— Mais, je n'ai plus rien à déposer, puisque j'ai mis le cabas sur le banc à côté. Faut-il le mettre ailleurs ?

— Dites ce que vous savez.

Recouvrant, par cette injonction, la pleine liberté de la parole, ce qui, depuis son arrivée au tribunal, était le but de son unique et constante ambition, la fermière s'en donna tant et plus ; elle en savait long en effet, et elle insista tout particulièrement sur les allures hyprocrites affectées par M. Arthur pour s'emparer de la confiance et par suite de la bourse de la famille. Quand on pense, dit-elle, qu'un si beau jeune homme, un homme si bien mis cachait de pareils desseins sous un extérieur si brillant ! La scélératesse peut-elle aller plus loin ? Oh ! le vaurien ! le misérable ! le polisson !

— Vous n'avez pas le droit d'injurier le prévenu.

— On n'a donc plus le droit de parler, même quand on a fait serment de tout dire ? Je ne peux donc pas dire non plus que c'est lui, ce muscadin, aussi perfide que séduisant, qui a voulu capturer notre Demoiselle, la Demoiselle la mieux élevée du pays, qui a voulu m'assassiner, quand je n'étais pas encore sa belle-mère ? Oui ! m'assassiner, que j'en porte des bleus à l'estomac. Oh ! ne pensez pas que j'invente, ajouta madame Bronne, en s'adressant directement aux membres du tribunal, qui avaient quelque peine à conserver leur sérieux. J'en ai la marque sur moi, je l'aurai peut-être tout le reste de mes jours, dussé-je vivre cent ans, comme ma bisaïeule maternelle ; et, si vous voulez bien me faire l'honneur de passer avec moi dans la cuisine à côté, vous pourrez vous en convaincre par vous-mêmes.

Un violent accès de toux interrompit l'*oratrice* et l'empêcha d'entrer dans de plus intimes détails.

— Prenez une pastille Géraudel, la p'tite mère, cria un facétieux dans l'auditoire, et gardez l'*atou* pour jouer aux cartes !

— Pas de réclame ici ! ou je fais évacuer tout le monde, s'écria le président du tribunal.

— Ce sera alors de la purge légale, dit à voix basse le facétieux.

Maître Bronne — quand ce fut son tour — venait d'enfoncer son bonnet de coton sur ses oreilles. Il consentit à le retirer — faible sacrifice à l'époque de la canicule — et s'avança d'un pas tranquille et lent,

> Marchant à pas comptés,
> Comme un recteur suivi des quatre facultés.

Il ruminait les termes de son discours, et était bien résolu à ne pas se laisser emporter hors de propos. Toutefois, à la question : êtes-vous parent ou allié du prévenu ? il ne put réprimer un vif et subit accès de colère.

Pour qui le prenait-on ? Lui, parent ou allié d'un filou ! Non vraiment ! Il avait été, pour son malheur, sur le point de laisser entrer dans sa famille un être de la pire espèce, mais, avec son expérience de vieux cauchois, il s'était arrêté à temps, et la gloire traditionnelle, le proverbial honneur des Bronne ne seraient pas souillés d'un impur contact. Soulagé par un épanchement, qui, pour n'être pas prémédité, lui paraissait nécessaire au maintien de sa réputation, il raconta alors comment, sans sortir de sa localité, sans recourir à l'importation étrangère, en bon protectionniste qu'il était, il avait recruté un gendre, la perle des gendres, riche, bien portant, orné de toutes les vertus civiques, et n'atteignant pas encore la cinquantaine. Cette heureuse acquisition le disposait à l'indulgence. Il serait généreux et ne demanderait pas la mort du coupable, pourvu que son argent lui fût immédiatement rendu.

L'argent ne devait cependant, pas plus que le jugement, être rendu sitôt ; et, comme le cultivateur un peu désappointé demandait à un huissier de service s'il avait au moins la permission de se retirer avec sa petite famille.

— Allez ! vous l'avez, lui fut-il répondu.

— Comment ? grogna M. Bronne, qui, en ce moment, n'était pas d'humeur à rire, et qui, sans le vouloir, jouait

sur les mots qu'il venait d'entendre, que j'aille me laver ?
Pourquoi ? Et à quoi bon ? On ne plaisante pas avec ces
choses là. Sachez que tout le monde est propre dans ma
famille, que, depuis le baptême, on ne se lave pas chez nous
de père en fils, et que, jamais, à moins qu'il ne pleuve,
une goutte d'eau ne salit notre pauvre corps.

— Je vous ai dit, reprit l'huissier : Allez ! vous l'avez la
permission de sortir, et, s'il vous plait, celle de revenir
dans quelques jours, pour le prononcé du jugement.

Passer encore quelques jours à Rouen, ce serait dispen-
dieux pour les parents, et ne procurerait peut-être aucune
joie aux enfants, mais on connaitrait le résultat de l'affaire,
on rentrerait en possession du trésor dérobé, beaucoup
plus vite en restant qu'en s'en allant. D'ailleurs, la ville
devait être moins désagréable à parcourir dans la bonne
que dans la mauvaise saison. Les jours n'étaient plus
courts, il y aurait du clair de lune le soir, on s'amuserait,
et, après tout, on ne serait pas malheureux la seconde fois
comme on l'avait été la première.

En devisant ainsi, et en se remettant en route, madame
Bronne fit observer à son mari qu'ils avaient oublié de
voir le fameux plafond du Palais-de-Justice, dont les amis
leur avaient parlé.

— Nous le verrons plus tard, puisque nous aurons
l'occasion de revenir ; nous pourrons même voir s'ils ont
des araignées dans leur plafond, dit le cultivateur, qui
reprenait ses heures de gaieté avec l'espoir de retrouver

prochainement l'argent qu'il avait cru perdu. Pour aujourd'hui, nous avions assez à faire de nous tirer de la foule, et de veiller à nos pieds et à nos poches, sans regarder plus haut.

IV

UNE AVENTURE MYSTÉRIEUSE

ETROUVER de l'argent que l'on avait cru perdu ! C'était l'occasion, ou jamais, sinon de tuer le veau gras, du moins de se permettre quelques extravagances. On fit donc choix, pour diner et pour passer la nuit prochaine et les nuits suivantes, d'un hôtel d'apparence très confortable, dont on n'interrogea pas les prix, de peur que, le naturel reprenant le dessus, on ne succombât de nouveau à la tentation de marchander, de se retirer, et, par suite, de prendre de la mauvaise humeur.

L'hôtel choisi ne fut malheureusement pas favorable au repos et à la tranquillité du cultivateur et de son épouse.

— Que j'ai mal dormi ! articula de grand matin madame Bronne, en bâillant et en ouvrant, pour mieux bâiller, la bouche jusqu'aux oreilles. Que j'ai mal dormi ! J'en suis brisée. Pas trop de puces cependant et les matelas pas trop durs. Mais est-ce un cauchemar ? Je ne sais. J'ai rêvé voleurs et assassins, et, à partir de minuit, il m'a semblé entendre contre la muraille des coups violents, comme si quelqu'un essayait d'entrer. Que j'ai mal dormi !

Et pour exprimer, par une pantomime significative, l'ennui et la fatigue qu'elle éprouvait, elle éleva ses bras au-dessus de sa tête, et les tira lentement et longuement.

— Des voleurs ! des assassins ! mais non, Bobonne, ce ne doit être ni un rêve ni un cauchemar, mais bien la réalité, dit maître Bronne, en sortant à son tour de l'intérieur de ses couvertures ; et si je n'étais pas la bravoure en personne, tu me ferais presque peur avec tes histoires. Moi aussi j'ai entendu des coups répétés, et très forts, dont je ne me suis pas rendu compte, et qui cependant étaient bien réels, car je ne dormais pas. Est-ce que par hasard, ajouta timidement et en pâlissant la bravoure en personne, est-ce que par hasard M. Arthur aurait des intelligences dans la place ? Est-ce qu'il aurait des complices ? Est-ce que le reste de la bande serait encore en liberté, et essaierait de compléter l'œuvre du chef ? Je ne voudrais pas t'effrayer, ma bonne amie, mais depuis que nous avons repris ce malheureux chemin de fer, je pense toujours malgré moi à l'affreux événement dont a été dernièrement victime M. le préfet Barrême, entre Paris et Evreux. Essayons au plus vite d'éclaircir la chose. Cela en vaut la peine.

Alors, sans prendre le temps de faire une toilette

complète, ni de passer son chapeau sur son casque à mèche, le père de famille alla éveiller le maître d'hôtel et le mit au courant des inquiétudes conjugales.

— Rassurez-vous! lui dit le maître d'hôtel, cuirassé à l'endroit des plaintes des voyageurs, et toujours prêt à répondre à une réclamation quelle qu'elle fût, rassurez-vous! je n'ai rien entendu des bruits dont vous me parlez, ce qui n'est pas étonnant, car votre chambre est sur la rue, tandis que la mienne et la plupart des autres chambres de l'hôtel sont sur l'intérieur d'une cour; mais il n'y a à Rouen ni assassins ni rôdeurs de nuit. Un volet secoué par le vent aura été la cause de votre inquiétude. Je vais donner des ordres pour qu'on le fixe solidement et je vous garantis pour l'avenir un bon sommeil et des nuits tranquilles. Vous êtes ici dans une maison de confiance.

Dieu vous entende! fit en se retirant maître Bronne, d'autant moins convaincu toutefois de la véracité des explications de l'hôtelier, que la lune avait brillé toute la nuit, et qu'un calme plat régnait depuis très longtemps dans la nature.

Pour charmer les loisirs, pour essayer de connaître d'avance le résultat du procès de M. Arthur, et peut-être aussi pour élucider l'origine d'un tapage, qui, malgré tout, lui paraissait être quelque peu mystérieux et surnaturel, le père de famille proposa de consulter une somnambule ou cartomancienne qui venait d'établir ses pénates nomades sur une place de la ville et y rendait ses oracles infaillibles dans une voiture ambulante.

5

La proposition fut adoptée à l'unanimité.

La prophétesse d'occasion commença par faire subir à ses visiteurs un long et minutieux interrogatoire, auquel il fut satisfait avec autant d'exactitude que de naïveté. Lorsqu'elle se fut ainsi assurée de ce qu'étaient et de ce que voulaient nos campagnards, elle leur proposa le grand ou le petit jeu du destin, au choix.

Le grand jeu coûterait évidemment beaucoup plus cher que le petit ; mais le cultivateur en chef déclara qu'il était prêt à tous les sacrifices, pourvu que le résultat répondit à son attente.

La prétendue sorcière prit alors d'une main, qui n'était rien moins que nette, un jeu de cartes incomplet, noirci par le temps, gras par l'usage — le seul d'ailleurs qu'elle possédât — et, après l'avoir battu et rebattu à diverses reprises, en affectant des gestes ridicules et des simagrées qui devaient être cabalistiques, elle le compta, puis, portant les doigts à sa bouche chaque fois qu'elle prenait une carte, elle étala tout le jeu sur une table boiteuse, non moins sale que lui. Cela fait, elle le rassembla de rechef, lui fit subir d'apparentes et grotesques combinaisons, se recueillit un instant, examina l'intérieur de la main droite de Mme Albertine Decan, et, successivement, les intérieurs des mains droites de toute la famille, se recueillit encore, comme livrée au plus graves réflexions, et, ayant enfin détaché, des parois de sa voiture, un bambou avarié qu'elle appelait bâton magique ou baguette divinatoire, elle proclama bien haut que tôt ou tard le crime était puni, ce qui n'empêchait pas toujours la vertu d'être éprouvée, et la trahison d'être victorieuse.

— Tout cela ne nous en apprend pas beaucoup, observa maître Bronne, en se grattant l'oreille, et en donnant, faute de mieux, le signal du départ.

— C'est trois francs dix sous pour le grand jeu, réclama l'interprète du destin, et, ce disant, elle présenta une sébile d'aspect si repoussant, que l'on pouvait se demander si la sébile ne dépassait pas encore en saleté le jeu de cartes, la table et la main de la sorcière, ou plutôt quel était de ces quatre objets celui qui avait le plus encrassé les autres par un contact fréquent et réciproque. C'est trois francs dix sous, répéta-t-elle.

— C'est pas même un sou, répondit le rusé Cauchois. J'ai promis de payer si j'étais content, mais je ne suis pas satisfait du tout de votre travail, oh ! pas satisfait du tout.

— Mais vous êtes un affreux coquin, un misérable !

— Ah ! doucement, permettez ! pas de mauvaises raisons, et ne vous emportez pas ainsi, Madame La Pythonisse, sans quoi il pourrait vous en cuire, toute magicienne que vous soyez. Donnant, donnant. Vous ne nous avez rien donné, je ne vous dois rien. Aussi bien j'ai ouï dire dans le temps à un homme de loi, à un avocat normand, encore plus malin que vous celui-là, et dont, par malheur, j'ai oublié le nom, que, à défaut de témoins ou d'écrits, on pouvait légalement, si cela plaisait, méconnaître une dette. Vous n'avez ni écrits ni témoins, j'ai bien l'honneur de vous saluer.

La révélatrice des secrets, qui n'était peut-être pas en règle complète avec les ordonnances municipales, n'eut garde de récriminer, ou d'appeler à son secours quelque représentant de l'ordre pour obtenir satisfaction de ses indélicats visiteurs. Elle leur lança, du haut de son véhicule, des injures qui n'avaient rien de fatidique ni même de distingué, et se retira piteusement dans son antre.

Soit sagesse, soit crainte d'attirer sur elle des épithètes malsonnantes, en retour de ses observations familières sur les infirmités d'autrui, Pauline n'avait pas encore — sauf pour manger — ouvert la bouche depuis son retour dans la capitale de la Normandie. Cependant, en apercevant, du bas de la rue Grand-Pont, certaines constructions récentes, disséminées çà et là, et en retraite par rapport aux anciennes constructions, elle ne put réprimer son penchant habituel pour la moquerie :

— Vois donc ! maman, vois donc ces maisons dont les unes avancent, tandis que les autres semblent reculer ou sont abattues, on dirait une mâchoire brèche-dent, on dirait que c'est comme toi !

Maîtresse Bronne, qui, la veille, en plein tribunal, avait affiché publiquement quelques velléités de coquetterie et de jeunesse, tança vertement sa fille. Celle-ci baissa la tête et se renferma dans un modeste silence.

Entre temps, le chef de l'expédition, le nez revêtu d'une

immense paire de lunettes que, cette fois, il n'avait pas oubliée au pays, non plus que son couteau, stationnait devant une longue affiche qu'il lisait à haute voix pour la mieux comprendre et qui portait ces mots alléchants :

« Aujourd'hui jeudi, à deux heures d'après-midi, salle du Théâtre-Français, grande séance par le célèbre professeur Pickmann, secrets dévoilés, transmission de la pensée, etc., etc. »

— Secrets dévoilés ! s'écria-t-il, c'est fait pour nous. La lumière nous attend là. Allons-y ! et il ajouta, en consultant sa montre, il est déjà le quart après deux heures, allons-y vivement, ou nous arriverons trop tard.

La séance était commencée. L'entrée des villageois produisit un effet considérable. A l'aspect de cette famille si nombreuse, et si étrangement cocasse, dont le chef de file arborait toujours un casque à mèche, en guise de panache, et de point de ralliement, et dont tout le personnel restait surabondamment chargé de parapluies et d'objets divers, que, pour rien au monde, nul d'entre eux n'aurait consenti à laisser au vestiaire, on crut assister au défilé grotesque d'une troupe de saltimbanques, non prévue par le programme.

Le prestidigitateur fut obligé, pour continuer ses expériences, d'attendre que les nouveaux venus eussent réussi à se caser, ce qu'ils exécutaient difficilement, et à grand renfort d'injures et de horions, au milieu d'une foule déjà trop compacte. Mais bientôt, comprenant qu'il pourrait tirer parti de la situation :

— Jeune homme ! dit-il en désignant Charles, qui, faute de place assise, était resté debout, approchez-vous, s'il vous plaît. Je n'ai pas l'honneur de vous connaître ; vous n'êtes pas mon compère, n'est-ce pas ? J'ai cependant besoin de vous pour exécuter quelques tours.

Pickmann se proposait de dénouer instantanément, sans tirer dessus, plusieurs mouchoirs attachés ensemble aussi solidement que possible.

— Oh ! on ne me la fait pas à moi, dit en s'avançant le jeune savant, très flatté d'avoir, entre mille, attiré l'attention du professeur. On n'est pas dupe de vos farces et de vos instruments à surprise. Vous passez deux mouchoirs l'un sur l'autre, vous faites semblant de les lier ensemble, mais vous ne les liez pas du tout, et il vous est aussi facile de les dégager, qu'il me le serait de retirer mon doigt d'une bague trop large. A d'autres, Monsieur l'escamoteur ! à d'autres !

Eh bien ! recueillez vous-même autant de mouchoirs que vous le voudrez, nouez-les vous-même tant et plus, vous avez le poignet vigoureux, vous ne m'accuserez pas d'avoir préparé la besogne.

Charles ne se le fit pas répéter. Empruntant tous les mouchoirs de sa famille — sans oublier celui de Victorine, laquelle trouvait ainsi une occasion plausible de se séparer momentanément, et sans esclandre, d'un meuble qui lui était encore plus inutile en été qu'en hiver, et que ses mains pouvaient remplacer avec avantage en toute saison — il leur imprima des soudures invraisemblables, auprès desquelles le nœud gordien eût passé pour un enfantillage, puis, les présentant triomphalement au maître :

— Déliez-moi ça en soufflant dessus, Monsieur le physicien, dit-il, et je vous paierai quelque chose. C'est bien amarré, je vous en réponds.

Charles terminait à peine sa phrase que l'épreuve avait réussi à son immense stupéfaction.

— Puisque vous êtes si habile à faire des nœuds, reprit l'artiste en retenant sur la scène son collaborateur improvisé, prenez ce cordon, et veuillez bien m'en entourer les deux pouces. Bien ! Tirez, n'ayez pas peur ! Maintenant, amarrez-moi, comme vous le dites, à la tringle en cuivre qui est fixée au fond de cette armoire, et amarrezmoi de manière à me rendre tout mouvement des mains impossible. Très bien ! Venez vous asseoir près de moi, et tâchez de comprendre et de pouvoir interpréter ensuite ce qui va se passer.

Les battants de l'armoire se refermèrent sur le professeur et sur son sujet; et, tout d'un coup, un bruit étrange frappa les oreilles des assistants, qui virent successivement jaillir de la partie supérieure du meuble enchanté les bottines, la casquette, la blouse, le gilet et le parapluie de Charles.

— Tout ce vacarme-là ne te rappelle-t-il pas un peu celui de la nuit dernière ? chuchota maître Bronne à l'oreille de sa femme, laquelle, tremblante d'émotion, donna un signe d'acquiescement. Tant mieux ! Le gars nous racontera comment cela se fait.

L'adepte reparut bientôt, dénanti d'une partie de ses vêtements ; mais sa figure, décontenancée et surprise, indiquait du reste que tout s'était passé pour lui d'une manière invisible, et qu'il serait incapable d'en expliquer un traître mot.

— Ce n'est pas tout, dit le maître à l'élève, après avoir été débarrassé de ses liens ; désormais vous m'appartenez, vous n'avez plus la possession de votre volonté, ou plutôt je peux vous transmettre la mienne, et faire de vous ce qu'il me plaira. Dormez ! dormez de suite ! lui commanda-t-il en le regardant fixement.

Charles s'endormit.

— C'est tout de même fort ! s'écria maître Bronne, en se levant et en faisant lever toute sa famille pour applaudir. Oui, c'est fort, c'est très fort ! Endormir avec un long discours un particulier qui a sommeil, qui est fatigué, qui est assis dans un bon fauteuil, c'est encore possible ; mais endormir, d'un seul mot, un grand jeune homme, qui se porte bien, qui a les yeux ouverts, qui est debout, je le répète : c'est fort et très fort ! Je prierai le paroissien de venir opérer chez nous ce soir, s'il y a encore du train à l'hôtel.

Sans être arrêté par des réflexions qui obtenaient dans l'auditoire un grand succès d'hilarité, Pickmann imposa à son patient les contorsions les plus forcées, les poses les plus bizarres, aussi facilement que s'il eût opéré sur un mannequin flexible et inerte. Il lui offrit une carotte et un verre d'eau, en lui affirmant que c'étaient une pêche et un verre de champagne. Charles, après avoir mangé et bu, déclara la pêche exquise, et le champagne délicieux.

Cette dernière expérience avait agi douloureusement sur les nerfs et la sensibilité de nos voyageurs, qui pleuraient à chaudes larmes, et vociféraient sur tous les tons, les parents que l'on allait estropier leur garçon, les enfants que l'on allait empoisonner leur frère.

L'opérateur suspendit un instant la séance ; puis, intervertissant les rôles, annonça que ce serait Charles qui lui imposerait sa volonté, et qui, en la lui imposant énergiquement, et sans distraction aucune, l'obligerait, par le seul et libre contact de la main, à se diriger les yeux bandés vers une personne de la société, que l'on aurait supposée d'avance, à son insu, avoir été récemment victime d'un vol. Aussitôt, exécutant à la lettre les conditions de la tâche qu'il s'agissait d'accomplir, il entraîna son sujet, devenu en ce moment son maître, à travers toute la salle et désigna Mme Bronne.

— C'est incroyable ! c'est admirable ! s'écria le cultivateur en chef qui agitait son chapeau, et retirait son bonnet de coton pour mieux exprimer son admiration et son étonnement. Mais, si Monsieur devine si bien les personnes volées, à plus forte raison doit-il pouvoir deviner où sont les voleurs ?

Toute la salle éclata de rire.

Rien n'est plus facile, assura Pickmann, qui, reprenant sa course, ne s'arrêta qu'à la sortie du parterre.

Les voleurs ne se trouvaient donc pas dans l'assistance. C'était encore vrai.

Nos voyageurs regagnèrent leur logis, l'esprit troublé, et sous l'impression des phénomènes fantastiques dont ils avaient été témoins. Une foule compacte s'était formée aux abords de l'hôtel, et s'y livrait à des conversations très animées, que dominait un sentiment de frayeur générale. C'est que des coups stridents et réguliers partaient d'une maison contiguë à l'hôtel, cessaient dès que l'on avançait près de la porte de cette maison, et recommençaient de nouveau, à peine s'en éloignait-on. Or, comme M. et Mme Bronne, qui n'avaient rien de caché pour leurs amis, et même pour les personnes qu'ils ne connaissaient pas, s'étaient empressés, dès le matin, en sortant de l'hôtel, de publier partout leurs terreurs et leurs aventures nocturnes, la nouvelle s'en était rapidement propagée, les commentaires avaient marché leur train et pris de l'importance, et maintenant, par un rapprochement tout naturel entre le récit des paysans et les bruits qui se faisaient entendre, la panique atteignait son apogée.

Ce qui se passait était réellement inexplicable. Les propriétaires de la maison susdite avaient quitté celle-ci depuis plusieurs mois, et ne devaient y revenir que lorsqu'ils auraient épuisé la série des distractions et des moyens de tuer le temps que procurent les eaux et la villégiature. Ils avaient emmené tout leur monde, ne laissant personne derrière eux.

Cependant, puisqu'il se produisait là un effet extraordinaire, puisque tout effet a sa cause, il fallait, dans l'intérêt de la tranquillité locale, s'enquérir de cette cause pour essayer d'en détruire l'effet. Il fut donc décidé, dans la foule, étroitement unie en présence d'un danger commun, que deux délégués, choisis parmi les plus braves habitants du quartier, iraient solliciter le secours de la force publique, tandis que deux autres délégués requerraient les clefs de la maison mystérieuse, chez tel de leurs concitoyens que l'on savait en être dépositaire.

Les clefs arrivèrent bientôt; la force publique en fit autant et se présenta dans la personne d'un commissaire de police armé d'un parapluie. Tout alors étant en règle au point de vue de la prudence et de légalité, on dut procéder à l'ouverture du repaire évidemment ensorcelé.

Après d'interminables débats, tendant à établir à qui il appartenait, ou plutôt à qui il n'appartenait pas d'entrer le premier, Charles, bien convaincu qu'il n'y a plus de secrets pour la science, et que la frayeur n'est l'apanage que des sots, marcha en tête de tous les assistants, s'aventura dans la cour d'honneur de la maison, mais resta confondu en remarquant que l'herbe poussait partout entre les pavés, et n'avait certainement été foulée aux pieds d'aucun être humain.

Le représentant de l'autorité fut plus perspicace que le savant. Il ferma à l'aide de son parapluie une porte entre-baillée, affirma que c'était cette porte, qui, en battant, avait produit tout ce tapage, et causé tant d'émotion, et se retira satisfait, se proposant d'adresser, sur le résultat de son enquête, un rapport détaillé à ses supérieurs.

Aussi enclin à critiquer en principe un pouvoir quel qu'il soit, qu'à lui accorder, dans la pratique, une confiance aveugle et passive, chacun se rassura devant la déclaration officielle, et, comme dans la complainte de Malbrough, s'en fut coucher,

> Les uns avec leurs femmes
> Et les autres tout seuls.

Les divers représentants des Bronne s'étaient à peine réintégrés dans leurs chambres respectives, que le bruit recommença avec une nouvelle intensité.

— A moins que ce ne soit une trombe ou un tremble-ment de terre, comme les journaux en annoncent souvent, il y a quelques diableries là-dessous, dit à voix basse Mme Bronne, dont le corps s'imprégnait d'une sueur froide. Ça me rappelle les tables tournantes.

— Ça me les rappelle aussi, exprima la bravoure en per-sonne, qui, de son côté, sentait ses cheveux se dresser sous son bonnet de coton ; je n'osais pas y penser dans la crainte de t'effrayer, mais ça me les rappelle tout à fait. Ça me rap-pelle encore ce que j'ai vu et entendu, et ce que bien d'autres que moi ont vu et entendu, près de chez nous, au presbytère de Cideville, en 1850 et 1851. J'ai retenu les dates. Il y avait dans ce presbytère des ustensiles de ménage qui étaient lancés à travers les appartements par des mains invisibles, des meubles de toutes sortes, qui circulaient sans qu'on y touchât, des flammes et des tourbillons de fumée qui sortaient des murailles, des coups dont on ignorait la cause, comme ici, et qui, comme ici, paraissaient être frappés en mesure et avec intelligence. Or, ce n'était pas de l'imagination non plus : c'est un fait historique, bien certain, bien prouvé.

A ce moment, tous les rejetons de la famille, grands et petits, firent irruption chez leurs parents. Ils ne les quitteraient sous aucun prétexte, ils s'attacheraient à eux dans un pareil danger, criaient-ils en sanglotant. Puisqu'il fallait mourir de peur, ils mourraient tous ensemble, et déjà, joignant les actes aux paroles, Louise et Eugénie traînaient avec elles un immense matelas, qu'elles commencèrent à disposer dans un coin, pour y finir leurs jours plus commodément que debout.

Charles ne disait rien, mais ruminait d'efficaces réflexions. Sans recourir à la sorcellerie, pour avoir le dernier mot de ce qui se passait, ne pouvait-on pas supposer tout simplement que quelque hôtelier, jaloux d'une maison rivale, cherchait à discréditer celle-ci par des moyens physiques et des phénomènes naturels ? Il fallait s'en assurer ; et c'était à lui, enfant gâté de la science, à le faire, à se sacrifier même pour la science et le salut de tous. Avisant donc une étroite lucarne qui dominait la cour voisine, et d'où, grâce à la clarté de la lune il pourrait tout observer, sans être aperçu, il s'y installa virilement, bien résolu à ne la pas quitter, qu'il n'eût élucidé la question qui l'inquiétait. Peut-être lui faudrait-il attendre longtemps pour cela. Qu'importe ? Il ne faisait pas froid ; une mauvaise nuit se passe, et prépare à bien dormir les nuits suivantes.

L'intrépide jeune homme occupa son poste pendant dix minutes à peine. Il vit alors une grosse masse blanchâtre, qui s'avançait doucement à travers l'ombre projetée par une des murailles de la cour. Chaque fois que cette masse était en contact avec la porte extérieure de la maison, des coups se produisaient. Chaque fois, au contraire, que la masse s'éloignait de la porte, les coups cessaient. D'où la conséquence, logiquement déduite, qu'il fallait, pour déterminer les coups, une combinaison, électrique sans doute, entre la porte de la maison et la masse dont la nature restait encore indéterminée.

Grâce à d'excellents yeux, et à d'élémentaires notions de zoologie, il devint possible à l'observateur de décider que la masse blanchâtre était, ni plus ni moins, celle d'un gros chat. Il n'y avait plus maintenant qu'à descendre dans la rue, et à constater la présence d'une grille mobile pendue sous la porte. Cette grille, qui s'ouvrait du dehors au dedans, avait livré passage à un robuste échantillon de la race féline ; mais quels que fussent les efforts de celui-ci pour la soulever de l'intérieur de la prison, qu'il s'était

maladroitement constituée, il n'y parvenait jamais suffisam-
ment. En retombant par son propre poids, la grille produisait sur la porte l'effet d'une baguette sur un tambour.

Voilà comment la peur grossit les objets, et comment,
au fond des choses les plus extraordinaires en apparence,
il y a souvent plus de fumée que de feu !

Telles étaient la morale de l'aventure, et les conclusions
formulées par les curieux que le dénouement de la scène
avait de nouveau fait sortir de chez eux.

— Tenez ! Messieurs, racontait un fidèle commentateur
des chroniques locales : en 1848, si j'ai bonne mémoire, des
bruits souterrains, qui semblaient provenir des prisons du
Palais-de-Justice, mirent également en émoi, pendant
plusieurs jours, tous les habitants de Rouen ; et, comme on
ne doutait pas que les bruits fussent produits par des travaux
exécutés en vue de quelque évasion de prisonniers, on
pratiqua, dans les rues environnantes, des tranchées énormes,
afin d'arrêter les travaux et les évasions. Rien de ce qu'on
avait supposé ne se vérifia, et ce fut par hasard qu'un
cafetier, en visitant sa cave, s'aperçut que des rats s'amu-
saient à grignoter des bouchons de bouteilles rangées
sur des casiers en fer, et que c'était le cliquetis causé
par cet exercice très inoffensif qui jetait l'alarme dans
une ville de plus de cent mille âmes. D'où je conclus, dit
le chroniqueur en terminant son discours, d'où je conclus,
ainsi que je le lisais dans un journal, il n'y a pas longtemps,

« qu'eût-on perdu la tête il faut toujours avoir du cœur au ventre. »

Sur cette métaphore un peu risquée, la foule se dispersa définitivement ragaillardie ; et, dès le lendemain, personne, sauf peut-être les enfants, n'aurait avoué avoir éprouvé le moindre sentiment de frayeur.

V

LE BILLET DE MILLE FRANCS

N se promenant, le lendemain, sur les quais, pour dissiper entièrement les inquiétudes de la veille, admirer la navigation, et voir où en étaient les travaux du nouveau pont fixe, nos explorateurs s'étonnèrent de l'immense quantité de matériaux et de remblais que l'on versait dans la Seine :

— Ils vont boucher la rivière, dit Louis ; et pourquoi cela ? C'est si joli une grande rivière.

La réponse appartenait à Charles que l'on ne prenait jamais au dépourvu :

— Ils ne veulent pas la boucher, mais en diminuer la largeur. Il a été reconnu qu'il y avait là une étendue d'eau beaucoup trop considérable et qui produisait une humidité funeste à l'hygiène et à la santé publiques. Il en restera toujours assez, puisque les bateaux ont déjà trop de place. D'ailleurs, si l'on reconnaît plus tard que l'on s'est trompé,

il ne sera pas beaucoup plus difficile d'agrandir alors la
rivière, qu'il ne l'est aujourd'hui de la rapetisser. Cela pro-
curera du travail aux ouvriers ; et, comme on le chante aux
concerts de l'Émulation :

> Il est fâcheux, dans le siècle où nous sommes,
> De voir toujours un si grand nombre d'hommes
> Sur le pavé !

Le charretier modèle, que les fouets, les chevaux et
les voitures intéressaient encore plus que les bateaux,
s'inquiéta ensuite de savoir pourquoi certains véhicules
portaient cette inscription en lettres d'or : « Ministère des
Postes. » Est-ce que les Ministres se promenaient là dedans ?

— Je ne le crois pas, conjectura le chef de l'expédition,
et je suppose que ces belles carrioles servent seulement au
transport des lettres, et les inscriptions à l'ornement de la
ville. Voici d'autres carrioles, encore plus brillantes ; on
doit y vendre du tapioca dans tout l'univers, et c'est, sans
doute, pour attirer la pratique, qu'elles sont enrichies de
peintures dignes des plus grands maîtres.

— Et celle-ci qu'on rencontre à chaque pas, qui sont
rouges et jaunes, de formes cylindriques, et avec de gros
numéros, renferment-elles aussi des lettres ou des co-
mestibles ?

— Loin de là : c'est même parce qu'elles répondent à
des destinations absolument différentes, qu'on les promène
sans cesse, pour leur faire prendre l'air et les désinfecter.

Les horloges publiques furent l'occasion d'observations non moins judicieuses. Était-ce pour avoir autant d'heures différentes que d'horloges, que ces dernières s'accordaient rarement entres elles, ou bien leur règlement laissait-il à désirer ?

— Point du tout ! affirma Charles, frappé comme d'une révélation subite. Point du tout ! Cette irrégularité n'est qu'apparente. Elle doit dénoter de doctes et minutieuses combinaisons, et il n'est pas nécessaire, pour l'expliquer, de chercher, comme on dit souvent, midi à quatorze heures. Les horloges que nous venons de voir ne se trouvent mathématiquement et rigoureusement pas placées sous les mêmes degrés de latitude et de longitude. De là, d'inévitables différences dans leurs horaires, si l'on a voulu rester vrai, différences peu sensibles sans doute, parce que les distances respectives sont ici presque nulles, eu égard à la surface considérable du globe terrestre, mais qui augmenteraient proportionnellement en raison de l'éloignement des distances. Entre Paris et Pékin, il y aurait au moins une différence de douze heures.

Habitués qu'ils étaient à entendre Charles disserter savamment à propos de théories qui ne les intéressaient pas, les plus jeunes enfants Bronne avaient tour à tour quitté leur frère, avant que ce dernier eût achevé son discours sur les heures différentielles, et maintenant, les yeux dilatés, les narines épanouies, les lèvres béantes, ils se tenaient, comme en extase, devant un tableau appendu à la porte d'un dentiste, et au milieu duquel plusieurs mâchoires se mouvaient automatiquement.

Attirée aussi par ce spectacle-réclame, gratuitement offert à la curiosité des badauds, la fermière eut une inspiration sublime et rapide, et, se penchant à l'oreille de son mari :

— Bronne, dit-elle d'un ton doux et caressant, qu'elle réservait pour les circonstances où elle voulait obtenir quelque chose de son maître et seigneur, si j'achetais une de ces machines à ressort ?

— Et pourquoi faire, ma chère amie ?

— Pour me mettre dans la bouche, et pour manger avec. Des dents, c'est à cela que ça sert, je suppose. Les miennes s'usent, et en voici qui fonctionnent sans qu'on ait besoin de les remuer.

— Mais, Bobonne, l'idéal serait de trouver le moyen de vivre sans nourriture ; c'est un problème qui occupe les savants et que plusieurs d'entre eux, MM. Succi et Merlatti ont déjà résolu. En attendant que leur procédé se vulgarise, ton appétit ne laisse rien à désirer, tu n'as, sous ce rapport, rien à envier à personne, et, lorsque tu es à table, j'estime que tu fonctionnes toujours admirablement.

— Pas si bien que cela. J'ai beaucoup de peine à mâcher, depuis que tu m'as cassé deux dents de devant avec un coup de botte, que nous avons dit pour t'excuser que c'était le cidre qui me les avait fait tomber ; et puis, ajouta-t-elle en baissant de plus en plus la voix, rappelle-toi ce que cette

Mme BRONNE

petite peste de Pauline remarquait hier et ce que ce grand diable de juge, qui au fond est peut-être un très honnête homme, remarquait lui-même le jour précédent à propos de mon âge. Voyons! père, des dents neuves me rajeuniront de dix ans. Tu ne peux pas être insensible au plaisir de te promener, à la prochaine foire, avec ton épouse rajeunie de dix ans, et embellie du double.

— Des dents! des dents ! Je crois qu'en fait *de dents*, c'est moi que tu veux y mettre *dedans*, répondit le fermier avec le gros rire qu'il se permettait toutes les fois qu'il avait risqué un bon mot, et avec un haussement d'épaules qui n'était rien moins que galant. Enfin n'importe! essayons-en. Te rajeunir de dix ans, et, par dessus le marché, t'embellir, cela vaut bien quelques pistoles.

L'opérateur, dont l'enseigne avait produit son effet, éprouva une satisfaction véritable, à l'arrivée des paysans ; et, après un examen sommaire des palais qui lui furent entr'ouverts, déclara que tous contenaient des meubles délabrés, et nécessitant des réparations urgentes, pour lesquelles un travail de huit jours suffirait à peine.

— Huit jours! Monsieur, vous plaisantez! se hâta de dire maître Bronne. Primo, d'abord, moi je ne compte pas. Je n'ai rien à débrouiller avec vous. Mes *quenottes* sont en bon état. Pas une de trop, pas une de moins. Nous avons chez nous un maréchal-ferrant, très expert, lauréat du concours agricole, et qui enlève les *criquettes* des *gosses* à mesure qu'elles poussent de travers. Nous voudrions donc seulement essayer à la Maîtresse un de ces objets — je ne sais pas comment vous les appelez — qui travaillent tout seuls, en bas sous votre porte charretière ; et, par la même occasion, si cela ne coûte pas trop, nous vous demanderons de débarrasser Eugénie d'un vieux reste de racine qui tient plus à elle qu'elle ne doit tenir à lui, et qui lui faisait du mal, il n'y a qu'un instant. Pas vrai, *Ni-nie ?*

— Très vrai ! répondit la jeune fille, en piquant un soleil, mais je ne sens plus rien depuis que nous sommes entrés chez Monsieur, je ne veux pas qu'on me touche.

Ce disant, et pour échapper à une perspective douloureuse à laquelle elle n'était pas préparée, elle mit la main devant sa figure et courut se cacher derrière les jupons maternels.

— N'ayez pas peur ! Mademoiselle, assura gracieusement l'artiste dentaire. Grâce aux procédés actuels, nous insensibilisons les dents malades, et opérons sans la moindre souffrance. Confiez-vous à moi, et laissez-moi faire disparaître la cause d'un mal, qui, pour céder momentanément, sera plus fort que jamais, dès que vous aurez quitté mon laboratoire.

— Eugénie, touchée par des accents si persuasifs, se plaça résolument dans un immense fauteuil qui lui parut assez confortable, présenta son os maxillaire au chirurgien, et, au bout de quelques secondes, exprima, par un horrible cri de rage et de désespoir, que l'opération était terminée.

— Mais, elle était très saine ta dent ! elle n'offre aucune

trace de carie, dit en recueillant la molaire extraite, le savant Charles, le seul de la famille qui conservât un peu de calme et de sang-froid dans les moments critiques.

— Je me serai trompé, répartit le dentiste, évidemment vexé de sa fâcheuse méprise. Il n'y a que ceux qui ne font rien qui ne se trompent pas ; mais c'est un mal pour un bien, tôt ou tard cette dent eût été gâtée au contact de sa voisine, c'était inévitable. Voyons l'autre !

Eugénie, qui savait maintenant à quoi s'en tenir au sujet des insensibilisations et des opérations inoffensives, refusa de se soumettre à une seconde expérience. Sa mère la remplaça au fauteuil et fut sollicitée de mordre à même une pâte noire et malléable que le chef de l'officine venait de pétrir entre ses doigts.

— Merci ! fit-elle, vous êtes bien honnête, Monsieur, mais cela ne me dit rien, je ne me sens pas en appétit ; d'ailleurs nous sortons de table il n'y a pas encore deux heures, et, à moins que je ne sois nourrice, il est très rare que je prenne quelque chose entre mes repas.

— Je ne vous offre pas à manger, je vous prie seulement d'imprimer vos gencives là-dedans, pour que je sache ce qui leur manque. Appuyez fort !

— Mais c'est affreux cette drogue-là ! dit Mme Bronne, avec une grimace significative, et après avoir appuyé à se démolir la mâchoire ; cela sent comme du caoutchouc échauffé, on dirait un vieux morceau de chaussure. Flaire un peu, Albertine.

— En voilà assez pour aujourd'hui. Maintenant veuillez me donner votre adresse, je vous enverrai votre râtelier, dès qu'il sera prêt.

— Qui vous parle de râtelier? Me prenez-vous pour un cheval ?

— J'entends par là les dents artificielles que je dois vous préparer. Passez, s'il vous plaît, à la caisse : c'est cinq cents francs payables avant livraison.

— Cinq cents francs ! exclama le cultivateur, dont les penchants naturels revenaient toujours au galop. Cinq cents francs ! Je vendrais, moi, toutes mes dents, tout mon râtelier, comme vous appelez ça, pour moitié prix. Allons ! Monsieur, pas de blague, n'est-ce pas ? La besogne chère et sur commande, c'est bon pour les fous ou les millionnaires. Nous qui sommes des cultivateurs sages, mais à peu près ruinés, nous ne devons pas être difficiles, et Véronique se passera son envie avec un outil d'occasion. Choisissez le meilleur et le moins coûteux parmi tous ceux que vous pouvez avoir en magasin, et, s'il ne va pas tout à fait, le maréchal du pays, qui est un expert, lauréat du concours agricole, saura y remédier.

Quelques objections qui lui fussent faites par l'homme de l'art, maître Bronne tint bon, ne voulut pas se laisser convaincre de l'inutilité d'un râtelier de hasard, et, moyennant une somme insignifiante, en accepta un dont les avaries révélaient de longs et honorables états de services.

En sortant de chez l'opérateur, Eugénie confia à

madame Bronne, que, depuis l'extirpation de sa dent, sa bouche était en feu, qu'elle suait, qu'elle avait soif.

— Nous suons tous, nous avons tous soif, dirent tous les enfants.

— Glaces et demi-glaces, se mit à lire Charles sur la boutique d'un pâtissier. Glaces et demi-glaces! il n'y a, paraît-il, rien de plus rafraîchissant.

— Il n'y a rien de plus dangereux par les grandes chaleurs, articula promptement maître Bronne, menacé d'une nouvelle dépense.

— C'est très hygiénique, prétendit le savant.

— Des glaces! papa, des glaces! répétèrent à l'unisson les jeunes amateurs, sans savoir cependant quelle différence il pouvait y avoir entre les glaces des pâtissiers et celles dont les mares de leur pays se couvraient pendant l'hiver.

La majorité s'était prononcée. On transigea pour une demi-glace.

— Treize demies, vanille ou groseille ? demanda le chef de l'établissement, après avoir fait le compte des personnages qu'il s'agissait de rafraîchir.

— Tout beau! tout beau! murmura le cultivateur effrayé. Une demi-glace, sans vanille ni groseille, et douze cuillères, cela suffira pour amuser la bourgeoise et les mioches. Je n'aime pas ce fricot-là, moi, ça doit être dangereux par les grandes chaleurs, quoi qu'en dise Charles.

— C'est drôle la glace d'été! remarquèrent ceux des consommateurs qui avaient été assez adroits pour attraper quelques débris de l'imperceptible parcelle livrée à leur dégustation collective. Ça n'a pas de goût, ça brûle la langue et ça ne désaltère pas.

— Allez boire à la fontaine en face ! dit maître Bronne, en donnant l'exemple du mouvement. Là, c'est gratis et à discrétion.

Les buveurs se heurtèrent à un mendiant déguenillé qui tenait en laisse un caniche, lequel, de son côté, tenait en sa gueule une écuelle.

— Ma belle Dame, implora le maître du caniche, en s'adressant à madame Bronne, ayez pitié d'un pauvre aveugle qui n'y voit pas !

— Mais, demanda la fermière intriguée, si vous êtes aveugle, comment pouvez-vous apprécier mes qualités, et savoir que c'est à une Dame et non à un Monsieur que vous parlez ?

— Ce n'est pas moi qui suis aveugle, répondit le mendiant, c'est le chien.

— La réponse vaut quelque chose, murmura le cultivateur en tirant de sa poche un sou de Monaco.

Devant le grand portail de la Cathédrale, les touristes furent respectueusement interpellés par un des préposés à la visite des monuments publics :

— Salut, tout le monde ! M., Mme Bronne, et compagnie, si je ne me trompe, accentua le guide, en ôtant sa casquette, et en prenant une pose aimable.

— Salut tout seul ! et pour vous servir si nous en sommes

capables, et s'il ne nous en coûte rien, fit maître Bronne, en se découvrant à son tour. Vous êtes bien honnête vraiment ; mais excusez-moi, j'ai la vue basse, sauf respect, et je ne vous remets pas bien. Donne-moi mes lunettes, Pauline.

— Eh bien ! patron, je vous reconnais très bien, moi, car, sans vous commander, j'ai eu l'honneur de vous conduire, l'année dernière, au bas de la flèche de Notre-Dame.

— C'est vrai, et j'y suis maintenant. Couvrez-vous donc, je vous en prie ; couvrons-nous tous les deux, si vous le permettez. Ce n'est pas sans motif que la rue, devant laquelle nous nous trouvons, s'appelle la rue des Quatre-Vents ; il y a ici des courants d'air terribles, et l'on attraperait un chaud et un froid beaucoup plus facilement que vingt-cinq mille livres de rente. Ah ! çà, comment nous avez-vous reconnus si vite ? Comment ne nous avez-vous pas oubliés ?

— Oh ! il est impossible d'oublier des braves gens comme vous. Il n'y en a pas treize à la douzaine, quoique vous me paraissiez bien près d'atteindre ce chiffre. On parle de vous ici depuis que vous y êtes venus. Vos aventures ou plutôt vos mésaventures ont été publiées par un de nos plus forts éditeurs. Les journaux les ont annoncées ; il en sera également question dans un gros volume : *Rouen en 1886*, actuellement sous presse, et tous les boutiquiers de la ville se rappellent encore les cris de joie de votre petite famille devant les étalages de leurs magasins. Il est devenu proverbial, lorsqu'on rencontre de nombreux habitants du pays de Caux, échelonnés dans les rues, ou courant dans les musées, de dire : « Voilà les Bronne! » Mais, ajouta-t-il, après avoir examiné ses auditeurs, je ne vois pas votre Demoiselle aînée, celle qui était si vivace, si jolie, d'un si beau rouge tison, d'un rouge feu de coke et qui donnait le bras au jeune homme à moustaches et bottines pointues, qui vous a joué un tour pendable.

— La voilà pourtant, dit maître Bronne, en poussant madame Christophe Decan par le dos. Les soucis du ménage l'ont diablement pâlie. Son teint a pris un aspect de graisse nouvellement fondue, mais tout cela reviendra ; elle est heureusement mariée d'un riche gars, la fine fleur des hommes, un gendre qui nous a bien vite fait oublier le coquin avec lequel nous avons été sur le point de l'établir.

Le narrateur entra alors dans la partie de ses mémoires intimes que le commissionnaire ignorait, et développa les motifs du second voyage en cours d'exécution : on se promenait, on flânait en attendant le jugement de M. Arthur.

— Et la santé et les affaires, comment vont-elles ? demanda l'interprète des curiosités locales, en témoignant ainsi d'une sollicitude touchante pour les intérêts des étrangers.

— La santé se soutient, Dieu merci! mais les affaires vont mal, très mal. L'agriculture se meurt, l'agriculture est morte! Le pain à vil prix, c'est la ruine du cultivateur. Eugène, qui travaille chez le boucher du pays, peut vous le dire comme moi : ce n'est plus le boucher qui tue le mouton, c'est le mouton qui tue le boucher, et tout cela, comme toujours, par la faute de ce malheureux gouvernement. Pas de confiance, que voulez-vous ? Si nos honorables n'imposent pas promptement un droit fixe de cinq francs au moins, par quintal, sur les blés qui nous arrivent du dehors, et qui encombrent vos quais, ainsi que je le remarquais il n'y a qu'une heure, c'est fini. Nous continuerons à ne pas payer nos fermages. Et, de votre part, qu'y a-t-il de nouveau ?

— Désolation complète ! Trop de concurrence, on n'en fait pas pour gagner sa vie. Le commerce est dans le marasme, l'argent se cache, la ville n'invente rien pour attirer le voyageur ; et, depuis qu'on parle de la Tour Eiffel, qui aura 300 mètres d'élévation, on se réserve pour monter dessus, et on ne veut plus tant seulement regarder la flèche de la Cathédrale, qui est cléricale, et moitié trop petite pour les besoins de l'époque.

— Et, à part la Flèche, que nous connaissons, qu'y a-t-il d'intéressant ?

— Il y a toujours les monuments, Saint-Ouen, Saint-Maclou, Saint-Sever, la Grosse-Horloge, la Prison, les Docks, la rue Alsace-Lorraine.

— Nous connaissons tout cela, du moins approximativement. J'ai vu presque tous les monuments voilà trente-cinq ou trente-six ans. Les enfants ne tiennent pas à les voir ; ils n'aiment que les bâtisses rurales. Ainsi, vous n'avez rien de curieux, rien de *rigolant ?*

— Franchement ! patron, vous tombez mal ; tout chôme pour le quart d'heure, les divertissements comme le travail. L'été, c'est la morte saison. Nous avons eu, le 1er juin, la fête de Jeanne d'Arc, mais il n'y a eu qu'une représentation. C'était superbe du reste. Figurez-vous quatre cents musiciens, des Messieurs et des Dames, jouant et chantant tous ensemble dans la Cathédrale, sans en être assourdis. Une estrade qui a dû coûter quatre mille francs, et des paroles ! Ah ! les paroles, je les ai sur moi ; elles sont imprimées, et je peux vous en céder un exemplaire pour deux francs, au lieu de un franc vingt-cinq. C'est en vers. Ecoutez plutôt :

> Là-bas, dans les taillis de la forêt prochaine,
> La voyez-vous, mes sœurs, prier sous le grand chêne ?

— Merci ! merci ! je n'entends rien à la musique, ni aux vers ; je n'ai même jamais eu l'haleine assez forte pour entonner : « *J'ai du bon tabac,* » ou « *Au clair de la Lune.* »

— Il y a eu plus tard le carrousel du 12e régiment de chasseurs à cheval, le 20 juin, et les courses annuelles huit jours après ; mais c'est encore fini.

— Et cela ne nous aurait pas amusés. Le 12e régiment de chasseurs, nous y sommes allés par une pluie battante, lorsque nous cherchions Albert qui faisait ses vingt-huit jours dans l'infanterie. Les courses, ce sont toujours des chevaux, rien que des chevaux efflanqués et inutiles. On ne devrait encourager que l'élevage des chevaux de trait et de labour. Ensuite ?

— Ensuite, patron, je vous le répète, on est en vacance. L'Académie elle-même prend du bon temps, et a renvoyé sa séance publique au 25 novembre prochain.

— L'Académie ! l'Académie ! Louis en dessinait aussi à son école des académies ; c'est rien que des bons hommes. D'ailleurs, vienne le 25 novembre, il y aura de beaux ans que nous travaillerons au pays et que nos Demoiselles pourront y fêter sainte Catherine, si elles ne sont pas casées d'ici-là.

— Inutile par conséquent que je vous parle de la statue de la liberté, de Bertholdi, dont l'inauguration aura lieu le 28 octobre, dit-on. C'est la plus colossale de toutes les libertés, 98 mètres de hauteur ; elle a passé par ici, comme le furet du *Bois-Joli,* mais elle est maintenant à New-York.

— C'est trop loin pour nous, quoique je ne sache pas précisément où se trouve cette localité.

— En Angleterre, papa, hasarda timidement Louise.

— Possible ! mais, je le répète, c'est trop loin pour nous qui sommes pressés et n'avons plus d'argent à perdre. Allons ! au revoir, monsieur, bien obligé de la complaisance, bien des choses chez vous, et si jamais vous venez par le pays, n'oubliez pas de nous dire bonjour.

Nous sommes à la première barrière, au bout du second chemin à gauche. Impossible de vous tromper, il n'y a qu'à aller tout droit. Le cidre sera rare cette année, pas de pommes ; mais j'ai des réserves, nous trinquerons, et je vous présenterai M. Christophe Decan, le mari d'Albertine.

— Ce n'est pas de refus. A propos ! un conseil avant de nous quitter. Méfiez-vous à vos poches ! patron, car il y a toujours des filous plein la ville. Tenez ! pas plus tard que presque tous les matins, des individus, qui ont très bonne mine, ma foi ! pas l'air plus canaille que nous deux, se postent aux abords des maisons de banque, et là, dès qu'ils aperçoivent un pauvre commissionnaire chargé d'une sacoche d'argent, ils le prient de les obliger d'une course, en lui promettant bonne récompense. — « Impossible avec cette sacoche, leur répond-on, — Qu'à cela ne tienne ! confiez-nous là, et voici, en garantie, quelques rouleaux d'or. » — Le marché conclu, la course faite, le commissionnaire revient au point de départ, où il trouve visage de bois, pas plus d'hommes que de sacoche, et, quant aux prétendus rouleaux d'or, ils contiennent deux ou trois francs en vieux sous. Méfiez-vous ! patron, méfiez-vous !

— Merci de l'avis ! dit le paysan madré, mais soyez tranquille et n'ayez pas plus peur que moi. Chat échaudé craint l'eau froide, et on n'attrape pas deux fois de suite des normands comme nous. Je suis déjà bien assez malheureux, assez confus du tour qui m'a été joué, et, comme le corbeau de la fable que j'entends raconter aux enfants,

Je jure désormais qu'on ne m'y prendra plus.

Sur cette assurance bien accentuée, on se sépara après mille protestations réciproques d'estime et de dévouement.

Les cultivateurs s'éloignaient à peine, que le guide des monuments publics courut après eux. Il était redevable, par suite d'un reliquat de compte, de sept cents francs au notaire de la commune qu'habitait M. Bronne. Si ce dernier voulait bien se charger de la somme et la remettre à qui elle appartenait, ce serait évidemment plus sûr et moins coûteux que de la livrer à la poste.

Maître Bronne accepta la proposition, reçut du commissionnaire un billet de mille, lui en compta la différence, soit trois cents francs en louis d'or, et serra le précieux chiffon dans un vaste portefeuille fermant à clef, pendant que son mandant, visiblement satisfait d'économiser des frais d'envoi, s'éloignait définitivement et modulait des variations sur une chanson alors à la mode :

Ugène! Ugène!
Tu m'fais moisir!
Où y a d'la gène,
Y a pas d'plaisir.

De retour à l'hôtel, le paysan se mit en devoir de changer, contre des espèces métalliques bien sonnantes, le papier dont il était dépositaire et qui pouvait trop facilement être brûlé ou perdu. Mais hélas ! on se prit à rire de la cruelle mystification dont il était encore victime. Le billet de banque était une de ces nombreuses et criminelles plaisanteries auxquelles tant d'autres déjà s'étaient laissé prendre. Il portait en lettres bleues les mots : Mille francs, mais le titre de Banque de France était remplacé par celui de Banque de Farce.

— Toujours pincé ! grogna le cultivateur en jetant son bonnet de coton et en s'arrachant un reste de cheveux, puis il ajouta, suivant une habitude qui le soulageait sans doute quand il avait fait quelque sottise :

— C'est ta faute à toi, Bobonne ! Tu étais là. Pourquoi n'as-tu pas parlé ?

— Papa, dit la petite Victorine, en retirant son index droit de sa narine gauche, le monsieur qui t'a donné ce papier a, je crois, un camarade qui s'appelle *Ugène*, et, pour ce qui est de lui, si c'est un voleur, tu devras le retrouver dans un débit de la rue du Vieux-Palais, qui est tenu par des forçats et qui a pour enseigne : « A la taverne du Bagne ! »

On eut quelque peine à expliquer à l'enfant que des gens très honnêtes peuvent se déguiser en gredins, et réciproquement, et qu'il ne faut jamais juger sur les apparences.

Funeste aux intérêts matériels de la famille Bronne, la journée devait également porter atteinte à leur légitime amour-propre.

Dans les salons Leloup, île Lacroix, où l'avait attirée la promesse que les demoiselles seraient admises gratuitement au bal du soir, Mme Bronne prit soin de disposer la partie féminine de sa progéniture de manière à attirer l'attention des amateurs, mais ce fut peine perdue. Quelques habitués, blasés et peu civils, se permirent en passant certaines remarques lestes et des plus désobligeantes ; mais leurs invitations s'adressèrent ailleurs, et il fallut conclure, ou que les Rouennais manquaient de goût, ou que, par un sentiment de rare convenance, ils ne dansaient jamais avec une jeune fille, avant de lui avoir été régulièrement présentés.

VI

LES DEUX FONT LA PAIRE

En attendant, avec sa famille, l'ouverture de l'audience, dans laquelle le jugement de M. Arthur devait être prononcé, Charles avisa, près du Palais-de-Justice, une grande et belle construction en pierre qu'il apprit, avec une vive satisfaction, être l'hôtel des Sociétés Savantes. Lui, un savant, ne pouvait manquer d'y pénétrer. Il s'y trouverait dans son élément naturel.

Cet avis, mentalement exprimé, fut sans doute aussi celui du concierge de l'établissement, qui, voyant le jeune étranger en peine de la route à suivre pour parvenir dans le sanctuaire de la science, et, le prenant pour un membre correspondant de quelqu'une des Sociétés accueillies dans l'hôtel, lui cria avec empressement :

— Montez l'escalier ! la porte en face, essuyez vos pieds, s'il vous plaît ! entrez sans frapper !

Charles, un peu étonné, obéit cependant. Il monta

l'escalier, retira ses galoches et ses chaussettes, s'essuya les pieds avec son mouchoir, remit ses chaussettes et ses galoches, et arriva, sans faire de bruit, au milieu d'une réunion nombreuse. La séance était commencée. Plusieurs des assistants dormaient déjà, et le président, que la science avait nourri, sans lui prodiguer les bienfaits de la fontaine de Jouvence, s'excusait, dans des termes aussi humbles que littéraires, d'occuper le fauteuil :

— Un jour, disait-il, en empruntant son exorde à celui d'un discours qu'il avait entendu, en 1850, à la distribution des prix du Lycée de Rouen, un jour, Timon, de bonne humeur, invita quelques amis à dîner. Le repas fut animé, on s'égaya fort aux dépens du prochain. Apémante, l'un des convives, ne se possédait pas de joie : « L'heureux festin que voici ! s'écria-t-il. — Très heureux, reprit son hôte, si tu n'y étais pas ! »

— L'assemblée qui m'écoute, poursuivit le président de la réunion savante, fait, j'en ai peur, une application de cette vieille anecdote. Vous êtes impatients, Messieurs, d'entendre les voix éloquentes et autorisées des éminents personnages qui donnent un éclat incomparable à ce banquet intellectuel. Mais, il y a ici un Apémante, un convive importun, ou au moins inutile. C'est moi ! Je ne connais pas en vérité de mission plus périlleuse que celle de prendre la parole devant des hommes comme vous, Messieurs, devant les maîtres de la science. On n'eût pas pardonné au prince des orateurs lui-même de faire en pareil cas un long discours ; que pouvez-vous donc attendre de moi, de moi que ne recommande aucun titre, de moi le plus obscur d'entre vous, de moi qui ai tout à apprendre et rien à enseigner, de moi qui ne dois qu'à mon âge l'honneur aussi inattendu qu'immérité de voir mes cheveux blancs placés à votre tête ?

Après une pause habilement ménagée, et qui fut remplie par de frénétiques applaudissements, l'orateur, heureux du succès qu'il avait obtenu, s'essuya le front, absorba quelques gouttes d'eau, se recueillit pendant deux minutes, et continua dans les termes suivants :

— Ce qui me rassure, Messieurs, dans l'accomplissement de la tâche que vous m'avez imprudemment confiée, c'est d'être entouré à ce bureau, dans cette salle, partout, par des savants, par des auteurs dont les travaux sont universellement connus, dont les découvertes font loi, dont l'indulgence égale le mérite, dont.....

— Dont, dont, dont, répéta intérieurement Charles, c'est vrai pourtant que la modestie est toujours l'apanage du talent véritable ; écoutons et profitons !

— Pour moi, Messieurs, ajouta l'orateur, c'est seulement à l'histoire générale des nations que j'ai demandé de me révéler ses mystères. Et, si mes recherches se sont exercées sur un terrain exploré avant moi, du moins ai-je eu la consolation d'aboutir à des conclusions qui n'ont rien de banal. A force de pâlir sur des titres obscurs, sur des documents abstraits, j'ai réussi à reconnaître et à me mettre à même de prouver que tout est faux dans les écrits de nos devanciers, ainsi :

La guerre a toujours été si indispensable au maintien des relations internationales, qu'il existait certainement des fabriques d'armes offensives bien des siècles avant l'apparition de l'homme sur la terre.

Saint Remi, en baptisant Clovis, ne lui a pas dit : « Courbe la tête, fier Sicambre ! » mais : « Courbe la tête, doux Sicambre ! »

Christophe Colomb a pris officiellement possession du nouveau monde en 1492, mais l'Amérique avait été découverte dès le Xe siècle par les Normands.

Louis XIV ne s'est pas écrié en entrant au Parlement : « L'Etat, c'est moi ! » Cette phrase peignait bien la situation; mais elle a été inventée par l'imagination des historiens, et l'on se demande aujourd'hui si Louis XIV et tous les prétendus rois de France ont vécu, si la France elle-même était quelque chose avant 1789.

On a immortalisé Mlle de Sombreuil, en racontant qu'elle but un verre de sang pour sauver la vie de son père. Elle l'eût fait, s'il l'eut fallu ; mais la vérité avant tout. L'intrépide jeune fille, sur le point de s'évanouir, avala simplement un verre d'eau qu'un septembriseur, un peu moins cruel que les autres, lui offrit par commisération, et dans lequel une goutte de sang tomba par hasard.

La mort de Marat eut lieu le 13 juillet. Cela ne justifie

pas le choix que l'on a fait du 14, pour fixer à cette date une fête de réjouissance publique.

Cambronne n'a jamais prononcé la phrase sublime, gravée aux pieds de la statue : « La garde meurt et ne se rend pas ! ».....

Oh ! pour cela, c'est bien vrai, pensa Charles, qui s'aperçut en même temps que l'heure pressait et qu'il lui fallait regagner le tribunal au plus vite. D'ailleurs, avant le mariage de ma sœur Albertine Bronne avec Christophe Decan, il n'avait nulle part, que je sache, été question de Cambronne.

Le jugement rendu contre M. Arthur ne pouvait être que rigoureux. La culpabilité était manifeste, et aucune circonstance n'en atténuait la gravité.

— Vous avez abusé, dit le président au prévenu, de quelques paysans naïfs et confiants. Votre passé n'est rien moins que bon. Si vous ajoutiez une nouvelle faute à celle-ci et à toutes celles dont, auparavant déjà, vous étiez coupable, pensez-y bien, vous auriez à subir l'application d'une mesure législative récente, la relégation ; vous seriez exclu de la mère-patrie ! Et cependant, vous avez reçu une éducation convenable. Comment, si jeune encore, avez-vous pu entrer dans la voie du mal ? Quels conseils avez-vous suivis ? Quelles sociétés avez-vous fréquentées ?.....

— Pour ce qui est de la Société, interrompit M. Arthur en affectant de sourire et en relevant ses moustaches, il vous appartient moins qu'à un autre d'en médire, monsieur le président, car, sans en avoir ambitionné l'honneur, c'est surtout avec la magistrature que je me trouve, depuis quelques années, en relation périodique, sinon amicale.

Pauline s'approcha de son frère Charles :

— Dis donc ! toi qui sais tout, pourquoi les Messieurs qui sont ici s'habillent-ils avec des blouses noires qui leur tombent jusqu'aux talons ? Ils ont l'air de *mardis-gras*.

— Ce ne sont pas des blouses mais des robes, assura le savant. Dans les cours des tribunaux, c'est la robe qui distingue l'homme de loi.

— C'est drôle ! dit la jeune fille qui ne comprenait pas, dans nos basses-cours, à nous, il y a bien d'autres choses qui distinguent un homme d'une oie. Mais, dis-moi encore : comment peut-on toujours savoir que les gens qu'on juge ici sont des voleurs, et, si on ne le sait pas au juste, comment fait-on ?

— Dans le doute on les renvoie probablement chez eux, supposa Charles ; cependant, pour sauvegarder la société et inspirer aux brigands une salutaire frayeur, j'aimerais mieux, si j'étais juge, condamner quatre-vingt-dix-neuf innocents que faire grâce à un coupable.

L'audience était levée ; les habitués des scènes dramatiques qui se déroulent journellement devant la justice criminelle se retiraient lentement et commentaient la sentence. Beaucoup d'entre eux ne dissimulaient pas une sorte de jalousie, à la pensée que le condamné serait logé et nourri aux frais du gouvernement, et ruminaient aux moyens de se procurer légalement le même sort, eux pauvres ouvriers sans travail et que le travail effrayait.

— Eh bien! et l'argent? sollicita en entr'ouvrant son cabas vide Mme Bronne, anxieuse, et toujours pratique dans les circonstances les plus graves. Où est l'argent?

On lui expliqua, non sans peine, qu'elle eût à s'adresser au greffe.

Mais le greffe! le greffe! qu'était-ce encore que ce greffe? Un nom impossible dans une ville! En fait de greffes, elle et son mari ne connaissaient que les greffes des arbres à fruit.

L'argent ne se trouvait d'ailleurs ni au greffe, ni dans aucune autre partie du tribunal. Des mains qui l'avaient enlevé, il était aussitôt passé en d'autres mains, et il n'était plus en la possession de M. Arthur au moment de l'arrestation de celui-ci.

Ainsi, il était dit que la famille Bronne épuiserait tous les genres de mésaventures et de déconvenues. Son retour au pays de Caux devait encore être marqué par deux circonstances pénibles.

D'abord, une prospérité, obtenue par des moyens faciles, ne disposait pas en sa faveur, et, au lieu de la plaindre, on répéta partout autour d'elle que fortune mal acquise ne profite jamais.

En second lieu, le richissime fermier de M. Beaupétard, ruiné par de désastreuses spéculations, plus encore que par la crise agricole, venait de déloger furtivement sans payer ses dettes, sans laisser un fétu pour répondre de ses loyers, sans donner son adresse. Christophe, complice de son père, s'était enfui avec lui, et, comme suivant la judicieuse remarque, précédemment faite par maître Bronne, on va vite et loin en chemin de fer, il était permis de supposer, sans témérité et sans invraisemblance, que les fuyards avaient déjà dépassé la frontière, et que M\ufefeme Albertine, veuve dès le début de son mariage, ne pourrait cependant pas convoler en secondes noces.

Et le plafond du Palais-de-Justice que nous avons encore oublié de voir ! s'écria Charles, qui cherchait, par une heureuse diversion, à atténuer la tristesse générale.

Ce sera pour une autre fois, dit en soupirant maître Bronne, mais je ne désire pas que cette fois là arrive : les voyages à Rouen sont trop coûteux.

TABLE

DE L'IMPRIMERIE E. CAGNIARD

A ROUEN

9 782019 215767